동양상담학 시리즈 ❸

선문답과 상담

박성희 저

Oriental Counseling Series

학지사

동양상담학 시리즈를 펴내며

돌이켜보면 참 오랫동안 한국상담 또는 동양상담에 대한 연구와 논의의 필요성을 느껴 왔다.

처음 상담계에 입문할 때에는 그저 서양에서 들어온 지식을 열심히 섭취하여 상담을 잘하기만 하면 그만이라고 생각했다. 상담의 발상지가 서양이니까 그렇게 하는 게 하나 이상할 것도 없고, 또 상담계에 종사하는 모든 사람들이 그렇게 하니까 아무런 의구심이 들지 않았다. 하지만 시간이 지나면서 조금씩 내가 하는 일에 무엇인가가 빠져 있다는 사실을 눈치 채기 시작했다. 서양 사람들에게서 뽑아 낸 상담 지식을 한국 사람에게 그대로 적용하는 데에 무리가 있다는 점을 알게 된 것이다. 그러니까 그때까지 나는 한국 사람을 미국 사람 대하듯 상담해 왔다. 이런 사실을 알게 되면서 내심 무척 당황하고 부끄러웠다. 한국 사람과 미국 사람이 모든 점에서 똑같다면 모르되, 그렇지 않다면 맞지 않는 옷을 어색하게 입히려는 우스꽝스런 짓을 하고 있었던 셈이다.

이때부터 나의 고민은 시작되었다. 어떻게 하면 한국 사람들에게 어울리는 상담을 할 수 있을까? 어떻게 하면 한국 사람에게 적합한 상담 지식을 찾아내고 이를 체계적으로 정리할 수 있을까? 어떻게 하면 한국적 문화와 역사와 전통을 반영한 상담 이론을 구성할 수 있을까? 이런 고민 끝에 한국인의 일상생활에 스며 있는 삶에 대한 철학과 사상과 문화적 전통을 뒤져 보자는 생각을 하게 되었다. 이렇게 해서 이 책에 실린 원고들을 하나씩 쓰기 시작하였다. 이때 우연히 이웃나라 일본의 상담학자들도 일찌감치 나와 같은 고민을 하며 일본식 상담을 개발하였다는 사실을 접할 수 있었다. 모리타 상담과 나이칸 상담은 그들의 치열한 문제의식이 잉태한 일본식 상담론으로서 우리가 한 번쯤 살펴볼 만한 가치를 가지고 있다. 이 책의 제목이 한국상담이 아니라 동양상담이라고 붙여진 것은 일본상담이 포함되었기 때문이기도 하고, 동양사회를 관통하고 있는 유·불·도 삼가의 사상이 주요 주제로 다루어지고 있기 때문이기도 하다.

　원래 이 원고 집필을 시작할 때는 한 권의 단행본으로 출판하려고 하였다. 그러나 작업을 하다보니 앞으로도 이런 작업이 끝없이 이어져야 할 거라는 생각, 그리고 연구가 완성될 때까지 오래 기다리기보다 그때그때 신속하게 연구 결과를 보고하는 편이 나을 거라는 생각이 들었다. 이 시리즈의 첫 원고가 이미 5년 전에 탈고되었다는 점이 이런 생각을 굳히게 했다. 앞으로

이 시리즈가 계속되기를 기대한다. 필자 역시 이 작업을 계속하겠지만, 한국상담과 동양상담에 관심 있는 상담학도라면 그 누구라도 이 작업을 이어갈 자격이 있다. 그리하여 앞으로 100권, 200권을 넘어서기까지 이 시리즈가 쌓여 가기 바란다. 감히 말하건대, 이 시리즈 목록의 길이는 한국상담의 성숙도를 보여 주는 바로미터가 될 것이다.

필자는 상담을 전공하는 후학들이 '우리와 우리 것'에 대해 관심 가지기를 간절하게 바란다. 원고를 쓰면서 필자는 우리 역사, 사상, 철학, 문화 속에 상담 정신이 깃든 자료가 그렇게 풍부하다는 데 정말 놀랐다. 그럼에도 불구하고 이들이 상담학도들의 눈에 띄지 않았다는 사실이 참 이상하다. 다소 늦기는 했지만 이 자료들을 정리하여 현대 상담 속으로 끌어들일 때가 되었다. 외국으로부터 배울 것은 배우되, 온고지신 하는 마음으로 우리 것을 품어서 한국상담학을 정립해 가는 창조적인 작업에 모두 동참하자.

이 작업을 시리즈물로 기획하자고 제안하신 김진환 사장님 그리고 상담에 대한 깊은 애정을 가지고 정말 꼼꼼하게 교정과 편집 책임을 맡아주신 최임배 부장님에게 감사의 말씀을 드린다. 앞으로도 좋은 상담책 많이 출판하셔서 한국상담계의 발전에 큰 몫을 담당해주시기 바란다.

청주 원봉산 자락에서, 박성희

머리말

　얼핏 생각하면 선문답과 상담은 서로 어울리지 않는 대화 형태를 가지고 있다. 선문답은 앞뒤 맥락이 이어지지 않는 뚱딴지 같은 대화법인 반면, 상담은 차근차근 단계를 밟아 상대를 이해하는 대화법이라고 여겨지기 때문이다. 선문답이 수직적·단절적 대화라면, 상담은 수평적·연계적 대화에 가깝다는 인식이다. 필자 역시 처음에 이 같은 선입견을 가지고 선문답을 대했다. 하지만 선사들의 선문답을 대하고, 또 선문답에 대해 해설한 선사들의 해설서를 보면서 조금씩 생각이 바뀌기 시작했다. 선문답은 좀 독특하기는 하지만 상담 대화로 활용될 충분한 가치를 지니고 있다. 이 글은 필자가 선문답이 가진 상담적 가치를 드러내려고 애쓴 결과다. 이 글을 쓰면서 깨달음을 향해 거침없는 인생을 살아간 선사들의 숨결이 가까이에서 느껴져 아주

재미있었다.

　조금 딴 소리좀 해 보자. 선문답도 잘 모르고 불교 세계도 잘 모르는 필자는 이 원고를 완성한 후 불교 상담에 관심이 있다고 알려진 몇몇 교수에게 정중하게 검토를 의뢰한 적이 있다. 내 눈에는 띄지 않지만 전문가의 높은 식견에 걸릴 만한 문제점이 있으리라는 기대와 함께. 결론은 아무에게도 회답을 받지 못했다. 무척 바쁘시던가, 아니면 이 글이 읽을 만한 가치가 없다고 여기셨던가, 그것도 아니면 이 글을 읽고 평할 만한 실력이 없으시던가. 아무튼 상담학계의 현실에 절망했던 기억이 난다. 우리 후학들은 제발 이런 모습을 닮지 않기 바란다. 우리가 기계적으로 상담을 수행하는 상담쟁이에 불과하다면 머지않아 로봇상담자에게 우리 자리를 내주어야 할 것이다. 우리는 상담도 잘 하고, 또 자신이 한 상담을 반성적으로 사고하며 성장하고, 또 새로운 상담 지식을 개발하고 쌓아 가는 사람, 다시 말해 상담자이면서 동시에 상담학자로 굳건하게 자리매김을 하도록 하자.

차례

1

왜 선문답인가?

2,500여 년 전 석가모니 부처는 스스로 깨달음에 도달한 이후 그 깨달음의 세계로 사람들을 인도하기 위하여 다양한 방법을 사용하였다. 그가 사용한 방법 또는 방편은 크게 세 가지로 나누어 볼 수 있다. 신통법, 언어법, 훈계법이 그것이다. 신통법(神通法)은 신통한 능력을 보여 줌으로써 상대방의 마음을 여는 방편으로 모든 장소를 자유로이 오갈 수 있는 신족통(神足通), 모든 사물의 소리를 들을 수 있는 천이통(天耳通), 자신과 타인의 마음의 작용을 아는 타심통(他心通), 전생의 일을 아는 숙명통(宿命通), 내생의 일을 아는 천안통(天眼

通), 미혹의 근원을 해소하고 윤회의 사슬에서 벗어나는 누진통(漏盡通) 등이 이에 속한다. 언어법(言語法)은 말과 글을 통해 상대방의 마음을 얻는 방법으로 한 가지 사태의 의미를 보다 잘 알려진 다른 사태를 가지고 설명하는 비유법, 묻고 답하는 과정을 통해서 도리를 깨닫게 하는 문답법, 상대방의 지식과 이해력에 맞추어 도리를 설명하는 대기법 등이 이에 속한다. 훈계법(訓戒法)은 훈계와 설교로 어떤 행위를 허용하거나 제지하는 방법이다.

부처가 사용한 이 방편들 중에서 오늘날의 상담과 가장 유사한 형태를 취하고 있는 것이 언어법이다. 비유법, 문답법, 대기법은 모두 언어를 통하여 상대방의 마음을 움직여 변화를 일으키려는 전략이다. 그중에서 서로 말을 주고받는 문답법은 현대의 상담 대화와 본질상 다르지 않다.

불교에서 문답법은 중국으로 건너오면서 선문답(禪問答)의 형태로 발전하였다. 오늘날 선문답은 그 의미를 알 수 없는 무척 어려운 말이라는 뜻으로 쓰이고 있지만, 원래 선문답은 살아 있는 생생한 일상회화의 하나였다. 깨달음을 향한 수행의 과정에서 여러 가지 의문이 발생할 때 이를 선지식(先知識)에게 묻고 대답을 구하는 데서 선문답은 시작되었다. 다만 이 선문답은 지식을 주고받는 문답이 아니라 미혹된 마음을 초월하기 위한 문답, 다시 말하면 헤아리고 따지는 사유의 작용 너머에 있을 법한 깨달음의 세계로 안내하는 문답이라는 점에서 특별하다. 그리하여 선문답은 사람의 사유를 정교하게 다듬는 방식을 지양하고 즉각 진실에 부딪치게 하는 방편을 선호하게 된다. 선문답이 그럴듯하게 꾸미거나 일부러 엄숙함을 가장하지 않고, 소박하고 단순 명쾌하게 핵심을 찌르며 의외의 방식으로 전개되는 것은 이 때문이다(야나기다 세이잔, 1991).

불가에서 선문답은 저 유명한 석가모니 부처와 가섭존자 사이에 있었던 '염화시중의 미소'에 뿌리를 두고 있다. 부처의 손에 든 연꽃의 의미를 가섭존자가 깨달았다는 이 일화에서 말이 사용된 것은 아니지만, 깨달음에 대해 묻고 답하는 선문답의 원형을 발견할 수 있다. 이 선문답이 언어적인 문답의 형태로 나타난 것이 달마와 그의 제자 혜가 사이에 있었던 안심문답(安心問答)이다. 불안한 마음을 안정시켜 달라는 혜가의 요청에, 마음을 가져오면 안정시켜 주겠다는 달마의 대답은 혜가가 제기한 문제를 근본에서 해결하는 정곡을 찌르는 대답이다. 안심문답이 시작된 이래 중국의 선종에서는 선문답이 일종의 유행처럼 번져나갔다. 중국 당·송대에 절정을 이룬 선문답의 내용은 『벽암록』, 『경덕전등록』, 『종용록』 등에 상세히 수록되어 있다.

선문답은 깨달음에 대해 한 걸음 앞서 있는 선지식과 깨달음을 얻으려는 수행자 사이에서 이루어지는 문답이다. 물음을 제기하는 것은 수행자이고 이에 답을 제시하는 사람이 선지식이다. 이 관계에서 선지식은 매우 중요한 역할을 한다. 선지식의 대답 여하에 따라 수행자가 깨달음을 성취하느냐 못하느냐가 달려 있기 때문이다.

수행자에게 도움을 주려면 수행자의 근기와 역량에 맞는 답을 제공해 주어야 하는데, 이를 위해서 선지식은 수행자를 정확히 진단할 필요가 있다. 수행자의 물음이 뜻하는 것이 무엇인지, 수행자의 태도와 자세는 어떠한지, 어떤 수행 체험을 하고 있는지, 수행자가 깨달음에 얼마나 가까이 와 있는지 등을 잘 판단해야 한다. 이를 바탕으로 선지식은 수행자에게 적절한 대응을 한다. 그것이 때로는 물음에 대한 즉답(即答)이 될 수도 있고, 곰곰 파고들어야 할 화두(話頭)일 수도 있고, 갑자기 내지르는 큰소리(喝)가 될 수도 있고, 느닷없이 상대를 때리는 매(棒)가 될 수도 있다. 어떤 방식을 취하든 선문답이 성공적으로 이루어지면 수행자는 깨달음의 세계로 성큼 다가선다.

그런데 선사들이 선문답을 이끌어 가는 방식을 자세히 살펴보면 나름대로 일정한 원리와 규칙이 들어 있음을 발견하게 된다. 물론 모든 선문답이 이 원리와 규칙을 따르는 것은 아니지만, 한 걸음 물러나 살펴보면 어느 정도 보편적인 특성을 찾아내는 것이 불가능하지는 않다.

이 글은 선문답 속에 들어 있는 원리와 규칙을 찾아

보고 이를 상담 대화에 적용하는 문제를 검토할 것이다. 선지식이 선문답을 통해 수행자를 인도하는 방식은 그 자체가 상담의 과정일 뿐 아니라, 상담 대화를 풍부하게 살찌우는 소중한 상담 자원이기도 하다. 깨달음으로 이끄는 선사의 작업과 바람직한 변화를 돕는 상담자의 작업이 반드시 동일한 것은 아니지만, 두 가지를 병렬해놓을 때 얻을 수 있는 득을 생각하면 꼭 한 번은 시도해야 할 일이라고 여겨진다. 다행스러운 것은, 많지는 않지만 선문답에 관심을 갖고 이의 성격을 분류한 서적들을 더러 발견할 수 있다는 사실이다. 이 서적들의 내용을 중심으로 선문답이 상담 대화에 주는 시사점을 찾아보도록 한다.

2

선문답이란?

앞에서 깨달음에 대해 한 걸음 앞서 있는 선지식과 깨달음을 얻으려는 수행자 사이에서 이루어지는 문답이 선문답이라고 언급한 바 있다. 이 선문답에는 공안, 화두, 방, 할 등이 포함된다. 이 중에서 대화를 활용하여 문답을 이끌어 가는 방법이 공안과 화두다. 따라서 공안과 화두의 내용 및 그 전개방식을 이해하면 선문답에 대한 보다 구체적인 정보를 얻을 수 있을 것이다.

공안과 화두는 이따금 비슷한 의미로 사용되지만 원래 뜻에는 차이가 있다. 공안(公案)은 '공부(公府)의 안독(案牘),' 즉 관공서의 문서라는 뜻으로 재판의 판례 또는 법칙의 조문을 뜻한다. 공적인 기관에서 내린 판결이 확실한 전례가 되고, 결국 법조문으로 자리를 잡게 된다는 점에서 하나의 '안(案)'이 '공(公)'이라는 명칭을 부여받은 것이다. 따라서 공안은 사사로운 것, 특수한 것, 주체적인 것으로부터 공적인 것, 원리적인 것, 절대적인 것으로 질적인 변화를 거친 안을 뜻한다. 깨달음에도 동일한 과정이 필요하다. 어느 개인 선사의 깨달음이 공안으로 자리잡으려면 공적인 검증의 과정을 거쳐야 한다. 선지식, 동료 또는 후배 선사들에 의해 검증 과정을 거치고, 또 이들의 통찰이 그 속에 투영되어 하나의 완벽한 명제로 자리잡을 때 비로소 공안이 된다. 따라서 공안은 참선 수행에서 반드시 지켜야 할 절대적인 규범과 판단의 준칙이 되는 핵심 명제들이라고 말할 수 있다(최현각, 1994). 정부의 관리들이 법전에 의해서 국민을 다스리듯, 선지식이나 조사들은 바로 이 공안에 의거해서 후학의 지도에 임하게 되고, 후학은 선지식이나 조사의 지도 아래 적절한 공안을 채택하여 공부에 임하게 된다. 전등록에 의하면,

공안의 종류는 무려 1,700가지에 달한다.

화두는 그 뿌리를 공안에 두고 있다. 공안이 선사와 후학 사이에 벌어지는 간단한 선문답이라면, 화두는 공안을 구성하는 선문답 중에서 특히 선사의 언급 또는 답변을 일컫는다. 공안의 중심 명제가 바로 화두인 셈이다. 유명한 조주(趙州)의 무자 화두(無字話頭)를 예로 들어 보자.

어떤 스님이 조주에게 물었다.
"개도 불성이 있습니까?"
선사가 대답했다.
"없다."

앞의 문답 전체가 공안이라면 조주 선사의 대답인 '없다'가 바로 화두에 해당한다. '없다'는 조주 선사의 대답은 앞의 물음에 대한 반응이면서 동시에 이 공안을 완성시키는 중심 명제에 해당한다.

화두를 든다고 말하는 것은 바로 선사의 답변을 본격적으로 공부(참구)하는 행위를 말한다. 화두가 존재 전체를 휘감아 의심의 덩어리로 만들 때까지 화두를 놓지 않고 탐구하는 것이다. 그러나 화두를 올바로 이해하기 위해서는 선사의 답변이 나오게 된 전후 사정, 즉 질문과 답변으로 구성되는 공안 전체를 참구의 대상으로 삼아야 한다. 조주의 공안 중에는 무자 화두 이외에 유자 화두(有字話頭)도 있는데, 이를 예로 들어 보자.

어떤 스님이 조주에게 물었다.
"개도 불성이 있습니까?"
선사가 대답했다.
"있다."

앞의 두 공안에서 다른 점은 무엇인가? 답이 '없다'와 '있다'로 갈려지는 것 이외에 다른 점은 아무것도 없다. 참선을 수행하는 수행자가 이 두 공안의 전후 맥락을 고려하지 않고 단순히 '없다' 또는 '있다'라는 화두에만 몰두할 때 그 화두의 가치가 나타날 수 있을지 의문이다. 이 화두가 효과를 가지려면 '이 세상 모든 것에 불성이 들어 있다고 하는데, 왜 조주 선사는 개에게 불성이 없다고 했을까?' '왜 조주 선사는 개도 불성이 있느냐고 묻는 같은 질문에 한 번은 없다고 대답하고 한 번은 있다고 대답했을까?' 라는 의심이 더불어 전개되어야 비로소 '없다' 또는 '있다' 라는 대답이 화두의 기능을 제대로 수행할 수 있을 것이다. 따라서 화두는 반드시 공안과 더불어 참구되는 것이 바람직하다.

공안은 화두를 포함하고 있을 뿐 아니라 대화의 전개 과정을 밝혀준다는 점에서 상담 대화로서도 풍부한 가치를 담고 있다. 이런 점을 고려하여 이 글은 화두와 공안을 중심으로 선문답을 분석할 것이다.

3

선문답의 전개

선문답에 대해 논하기 전에 먼저 선지식의 입장에서 수행자를 단련시킬 때 고려해야 할 사항을 살펴보자. 회산계현(연관 역, 1998)은 『선문단련설』에서 스승의 입장에서 배우는 사람(學人)을 가르치는 전략들을 소개하고 있다. 여기서 단련은 선사의 질문을 중심으로 전개되지만 넓게 보아 선문답 전반을 포함하는 것으로 보아도 무방하다. 이 글의 중심 내용 중에서 우리의 논의와 직접 연관된 내용들을 간추려 보자.

1. 대기법

　대기법은 상대방의 특성과 역량에 어울리게 개별화된 방편을 활용한다는 뜻이다. 배우는 사람의 특성과 역량을 다른 말로 근기(根氣)라고도 하는데, 수행 훈련에 들어가기 전에 이 근기를 살피는 일이 스승이 해야 할 첫 번째 과제에 속한다. 배우고자 하는 사람이 스승을 찾아오면 스승은 먼저 날카로운 관찰력으로 배우는 이의 사람됨을 감정하고, 갖가지 방법을 사용하여 그의 장·단점을 시험하며, 문답을 통해 끊임없이 혼란을 일으켜 그 지혜를 살펴야 한다.

　배우는 이의 근기가 드러나면 스승은 그 근기에 어울리는 화두를 제시한다. 회산계현은 배우는 이의 근기를 다섯 가지로 나누고 그에 적합한 화두를 예로 들고 있다.

　첫째, 모든 사람에게 활용할 수 있는 화두로서, 특히 처음 공부하는 사람에게 편리한 화두. 예를 들면, 다음과 같은 화두가 이에 속한다고 한다.

· **만법귀일(萬法歸一)**: 만법이 하나로 돌아가니, 하나
는 어디로 돌아가는가?

· **부모미생전(父母未生前)**: 부모에게 태어나기 이전의
자신의 모습은 어떠했는가? 미혹됨과 깨달음(迷
悟) 그리고 속됨과 거룩함(凡聖)을 초월한 바로 그
본체(當體)는 무엇인가?

· **사료소료(死了燒了)**: 죽어서 한 줌의 재가 되면, 너의
주인공은 어느 곳에 있는가?

· **목전일기일경(目前一機一境)**: 눈앞에 있는 현재 마음
의 작용은 어떠한가?

둘째, 근기가 뛰어난 자에게 편리한 화두. 예를 들
면, 다음과 같은 화두가 이에 속한다고 한다.

· **남전의 세 가지 아닌 것(南泉의 三不是)**: 강서(江西)는
마음이 부처라 하였으나, 나는 그렇게 말하지 않
노라. 마음도 부처도 물건도 아니니라.

· **대혜의 죽비자(大慧의 죽비자)**: 대혜 스님이 죽비를

들고 승에게 물었다.

> 대혜: 죽비라고 하면 저촉되고, 죽비라 하지 않으면 등
> 진다. 그러니 말을 할 수도 없고 말을 하지 않을
> 수도 없다. 빨리 말해 보라! 빨리 말해 보라!
> 승: 화상께서 죽비를 놓으시면 말씀드리겠습니다.

스님이 죽비를 내려놓자, 승이 소매를 떨치고 나가버렸
다. 그러자 스님이 말했다.

> 대혜: 시자야! 이 중이 하는 짓을 잘 기억해두어라.

· **도득도부득개삼십방(道得道不得皆三十棒)**: 말하거나 말
하지 못하거나 간에 모두 30봉.

· **임마불임마총부시(恁麽不恁麽總不是)**: 이렇거나 이렇
지 않거나 간에 모두 옳지 않다.

셋째, 근기가 탁월하게 뛰어난 자에게 어울리는 화두.
예를 들면, 다음과 같은 화두가 이에 속한다고 한다.

· **임제의 화두**: 도류여, 선종의 견해로는 사활(살고
죽음)이 질서정연하다. 참학인(진실로 배우고자 하는

사람)은 매우 자세히 살펴야 한다. 주인과 손이 서로 만나 언론의 왕래가 있을 때 어떤 경우에는 사물에 응하여 몸을 나타내기도 하고, 혹은 전체로 작용하기도 하며, 또는 방편으로 화를 내거나 기뻐하기도 하고, 혹은 반신(半身, 몸의 반)을 나타내기도 하고, 혹은 사자를 타기도 하고, 혹은 코끼리를 타기도 한다.

넷째, 답어(答語, 대답할 말)를 참구하게 할 근기에게 어울리는 화두. 예를 들면, 다음과 같은 화두가 이에 속한다고 한다.

· **마서근(麻三斤):** 어떤 것이 부처입니까? 삼 서근이니라.(동산)
· **간시궐(乾屎橛):** 어떤 것이 부처입니까? 간시궐(밑씻개용으로 만든 주걱같이 된 나무판)이니라.(운문)
· **청주포삼(靑州布衫):** 만법이 하나로 돌아가니, 하나는 어디로 돌아갑니까? 내가 청주에 있을 때 베장

삼 한 벌을 지었는데, 무게가 7근이었다.(조주)

- 정전백수자(庭前栢樹子): 조사가 서쪽에서 온 뜻이 무엇입니까? 마당 앞에 잣나무니라.(조주)

- 구자무불성(狗子無拂性): 개도 불성이 있습니까? 없다.(조주)

다섯째, 기용(機用, 갑작스런 계기)을 참구하게 해야 할 근기에게 어울리는 화두. 예를 들면, 다음과 같은 화두가 이에 속한다고 한다.

- 입문편봉조문편할(入門便棒造門便喝): 문에 들어오면 방망이로 때리고 문에 이르도록 할을 한다.

- 목주(睦州)가 운문(雲門)을 대한 일: 목주는 평소 학인을 제접할 때, 문에 들어서기만 하면 멱살을 움켜쥐고 "말하라, 말하라!" 하고 어물어물하면서 대답치 못하면 즉시 내쫓아버리며, "쓸모없는 것!" 하곤 하였다. 운문이 목주를 친견하기 위하여 세 번째 문을 두드렸을 때의 일이다.

"누구냐?"

"문언입니다."

문이 열리자마자, 재빨리 뛰어들어가니 목주가 멱살을 움켜잡고 물었다.

"말하라, 말하라."

운문이 어물어물하다가 내쫓김을 당했다. 그때 운문의 한쪽 발이 문지방에 걸렸는데, 목주가 급히 문을 닫아버리는 바람에 발이 부러지고 말았다. 운문이 고통을 못이겨 소리를 지르다 홀연 대오하였다.

· **분양(汾陽)이 자명(慈明)을 대한 일**: 자명이 용주에 이르러 마침내 분양을 친견하였다. 2년이 넘도록 입실을 허락하지 않자, 그는 분양을 뵙고 그의 뜻을 밝혔으나 매번 심한 욕설로 꾸짖고 헐뜯을 뿐이었다. 하루는 호소하기를 "스님의 법석에 온 지 2년이 지났으나, 아무런 가르침도 받지 못하고 세속의 진로심만 쌓았을 뿐 세월을 허송하였습니다…" 하니, 말을 마치기도 전에 분양은 뚫어질 듯 그를 쏘아보며, "이 멍청한 놈이 감히 나를 탓하다

니…" 하고 꾸짖으며, 몽둥이를 들고 내쫓았다. 그가 무슨 대꾸를 하려 하자, 분양이 그의 입을 막아버리니, 그가 크게 깨닫고, "임제의 도는 상정(常情, 상식)에서 벗어난 것임을 알겠다." 하였다.

이렇게 선지식은 배우는 이의 근기에 따라 대하는 방법을 달리하였다. 배우는 이의 근기에 따라 내용 이해가 비교적 쉬운 화두에서부터, 충분한 수행이 없으면 도무지 뜻을 알 수 없는 화두에 이르기까지 다양한 방편을 사용한 것이다. 이런 점에서 선지식들은 배우는 이들에 대해 철저한 개별화 교육을 시행했다고 말할 수 있다.

2. 선문답을 이끄는 방식

앞에서 선지식들은 배우는 이의 근기를 잘 살피고 그에 어울리는 내용의 선문답이나 화두를 던져주었다고 지적하였다. 그런데 선지식들은 화두를 주거나 선문답을 이끌 때에도 모종의 전략을 사용한 것으로 보인다. 상대방이 어떻게 반응하는가에 따라 대화 전개 방식에 변화를 준 것이다. 사실 상대방(또는 수행자)을 깨달음의 세계로 이끌기 위하여 다양한 대화 방편을 사용한 역사는 매우 오래되었다. 석가모니 부처가 사람들을 교화하기 위하여 사용한 대화에서도 몇 가지 대화 기법을 찾아볼 수 있다(동국대학교출판부, 1989). 첫째, 무기(無記), 즉 침묵이다. 수행자가 문제 해결에 도움이 되지 않는 형이상학적 문제를 묻거나, 헛된 공론을 제기하면 묵묵부답으로 일관하는 반응이다. 둘째, 일향기(一向記), 즉 긍정적인 답이다. 수행자가 적절한 질문을 하거나 진리에 부합하는 말을 하면 곧바로 맞다고 긍정하는 반응이다. 셋째, 분별기(分別記), 즉 적절성 여부를 분별한 연후에 제공하는 응답이다. 수행자의 질문이나 언급이 진리에 부합하는 것인지를 잘 살피고, 또 수행자의 상황과 처지를 고려하여 내보이는 반응을 말한다. 넷째, 반문기(反問記), 즉 되질문이다. 수행자가 의혹을 품고 궁금해 하는 문제에 대하여 즉답을 피하고 오히려 논리적인 반전을 일으켜 수행자 스스로 문제 해결의 길을 찾도록 이끄는 반응이다. 다섯째, 전의법(轉意法), 즉 의미 전환이다. 수행자의 질문이나 언급이 잘못된 것일 때 이를 부정하는 대신 그 안에 들어 있는 내용을 전환시켜 사고의 틀과 의미를 바꾸도록 이끌어 주는 것이다.

석가모니의 대화법은 당·송대에 이르러 선문답이라는 보다 세련된 형태로 발전하게 된다. 이 선문답의 전개 방식을 보다 자세히 살펴보자.

회산계현(연관 역, 1998)은 수행자의 근기에 따라 문답의 전개 방식이 달라야 함을 '전환시키는 방법'으로 설명하고 있다. 전환시키는 방법에는 네 가지가 있다.

· **법전(法戰)의 전환**: 대중 가운데서 다그쳐서 배우는 사람이 어떤 대답을 할 경우에 틈이 있거나 허물이 보이면 즉시 공격한다. 반격해 오는 자에게는 다시 추격을 늦추지 말아야 할 것이요, 힘없이 물

러나는 자에게는 즉시 정곡을 찔러 되살아나게 하며, 배우는 사람으로 하여금 발붙일 여지가 없도록 몰아붙인다.

· **실중(室中)의 전환**: 전진할 줄은 알지만 물러날 줄을 모르거나, 혹은 머리는 말하지만 꼬리는 말할 줄 모르거나, 또는 활을 쏠 줄은 알지만 단발에 그칠 뿐이거나, 혹은 샘물이 구멍에서 나오더라도 단지 한 번에 그칠 뿐인 경우에 선지식이 그들로 하여금 다시 묻게 하여 혹은 한 마디 말을 대신(代)하여 깨닫게 하거나, 또는 한 글자를 고쳐서 뚜렷하게 하여도 상관없다. 이것은 신선이 두는 바둑의 묘수에 해당하는 가장 기묘한 방편이라 할 것이다.

· **전환의 전환**: '불성(佛性)이 누군들 없으랴.' 하면 고쳐(別) 말하기를 '누군들 있는가.' 하고, '문에 들어오면 미륵을 만나고 문을 나서면 달마를 만난다.' 하면 고쳐 말하기를 '문에 들어온들 무엇을 만나며, 문을 나선들 누구를 만난단 말인가.' 하며, 또는 '장 씨는 붉고 이 씨는 검세.' 한 것과

'어제는 옳았으나 오늘은 틀렸네.' 따위가 전환의 전환이다(여기서 代와 別은 선지식이 말을 쓰는 형식 중의 하나다. 대는 공안에 대해 대신 말해 주는 방법, 예컨대 '내가 말해 주마.' 하는 식으로 말하는 것이다. 별은 공안에 대해 달리 말하는 방법, 예컨대 '나 같으면 그렇게 말하지 않았을 것을!' 하는 식으로 말하는 것이다).

· **전환하지 않은 전환:** '어떤 것이 조계의 한 방울 물인가?' 하고 묻자, '이것이 조계의 한 방울 물이네.' 하고 대답한 것이나, '병정동자(丙丁童子, 火神을 뜻함)가 와서 불을 찾는구나.' 한 것이나, '무의 구름은 산마루에서 피어오르고 유의 달은 강심에 떨어진다.' 한 따위다. 이는 다만 말을 거듭 들어서 학인을 깨닫게 한 것으로서, 전환법을 쓰지 아니했으나 역시 전환의 기능을 하고 있다.

회산계현이 제시한 전환의 방법을 보다 쉽게 풀어쓰면 '법전의 전환'은 상대방에게 말을 걸고 스스로 무지를 드러내게 하는 방법, '실중의 전환'은 상대방의 말을 보충하거나 교정함으로써 뜻을 분명하게 하는 방법, '전환의 전환'은 상대방의 말을 부정함으로써 충격을 주는 방법, '전환하지 않은 전환'은 상대방의 말을 다시 반복함으로써 그 말에 담겨 있는 참의미를 되새김질하도록 이끄는 방법이라고 말할 수 있다.

회산계현이 수행자를 분발시키고 동기화시키는 전략에 치중하여 선문답을 분류하였다면, 영목대졸(이광준 재인용, 1974)은 선문답 자체에서 보이는 대화 전개 방식에 관심을 가졌다. 그는 선사들의 선문답 전개 방식을 보다 현재적인 어법으로 분류하여 역설, 반대의 초월, 모순, 긍정, 반복, 외침 등 여섯 가지 유목으로 정리한 바 있다. 이들을 하나씩 살펴보자.

첫째, 역설은 상식적인 논리로 도저히 이해할 수 없는 비논리의 세계로 안내하는 방법이다. 깨달음의 세계가 상식과 논리의 세계를 벗어나 있음을 보여 주는 방법이라고 말할 수 있다. 다음 시는 역설이 어떠한 것인지 잘 보여 준다.

> 빈손으로 괭이를 잡고
> 걸어다니면서 물소를 타고
> 사람이 다리 위를 지나려면
> 다리는 흐르고 물은 흐르지 않는다. (부대사, 이광준 재인용,
> 1974)

선문답에는 이 같은 역설적 표현이 가득 들어 있다. 일반인의 시각에서 보면 되지도 않는 말을 지껄이는 격이다. 황벽 스님과 훗날 당나라의 선종이 되는 대중 천자 사이에 벌어진 예불 행위에 대한 일화(벽암록 상, 1999, p. 120)도 역설법이 사용된 예화다.

> 대중: 부처님에게 집착하지도 말고, 법에도 집착하지 말고, 대중에게도 집착하지 말아야 하는데, 예배를 해서 무엇을 하려고 하십니까?
> 황벽: 부처님에 집착하지 않으며, 법에도 집착하지 않으며, 대중에게도 집착하지 않으면서 이처럼 예배를

하느니라.

대중: 예배를 해서 무엇을 하려구요?

황벽 스님이 갑자기 뺨따귀를 후려치자,

대중: 몹시 거친 사람이군.

황벽: '여기'에 무엇이 있다고 거칠다느니 가늘다느니
지껄이느냐? 하며, 또다시 한 차례 뺨따귀를 쳤다.

역설이 전개되면 수행자는 입을 다물고 침묵할 도리
밖에 없다. 그동안 자신이 한 번도 의심하지 않고 자유
롭게 활용해 온 인식의 세계에 엄청난 충격을 받은 때
문이다. 자신의 인식 능력으로는 도저히 이해가 불가
능한 말에 대해 달리 어떻게 반응할 방법이 있겠는가?
간단히 선사의 말을 무시해버리면 좋겠지만, 상대가
도달한 깨달음의 세계가 어렴풋이나마 짐작이 되니 그
럴 수도 없는 일이다. 다만 이리저리 따지고 분별하는
일을 멈추고(思量分別) 자신의 내부로 깊숙이 침잠하는
길 외에 다른 방법을 찾기가 쉽지 않다.

둘째, 초월(영목대졸은 이를 반대의 초월이라고 했으나

초월이라는 말이 더 어울린다.)은 긍정 또는 부정의 반응을 넘어서 논의의 초점을 새로운 차원으로 이끌어들이는 방법이다. 어떤 물음이나 언급에 대하여 긍정이나 부정을 하면 이는 하나의 고정된 입장을 취하는 셈이 되어 자유를 잃게 된다. 이렇게 하나의 입장을 고집하여 집착에 떨어지지 않는 방편의 하나가 새로운 차원으로 논의를 승화시키는 것이다. 다음 예를 보자.

어떤 스님이 지문 스님에게 물었다.

스님: 동산 스님이 삼 세근이라 말한 뜻은 무엇입니까?

지문: 꽃도 수북수북, 비단도 수북수북하다. 알았느냐?

스님: 모르겠습니다.

지문: 남쪽 땅엔 대나무, 북쪽 지방은 나무다.

스님이 돌아와서 이를 동산 스님에게 말씀드리자, 동산 스님은 "나는 그대에게 말하지 않고 대중에게 말하리라." 하고 대답하고 드디어 상당법문을 하였다.

동산: 말로써는 사(事: 현상적인 것)를 설명할 수 없고, 말로써는 눈앞에 당면한 문제를 딱 들어맞게 설명할 수가 없다. 말을 따르는 자는 죽게 되고, 구절에 얽매이는 자는 홀리게 된다.

수행자의 동일한 질문에 대하여 여러 선사들이 보여 주는 다음의 반응도 초월 기법을 잘 보여 준다(벽암록 상, 1999, p. 45).

♦ 어떤 스님과 향엄 스님

어떤 스님이 향엄 스님에게 물었다.

스님: 무엇이 도입니까?

향엄: 고목 속에서 용이 우느니라.

스님: 어떤 것이 도 가운데 서 있는 사람입니까?

향엄: 해골 속의 눈동자니라.

그 스님이 훗날 석상 스님에게 물었다.

스님: 무엇이 고목 속에서 용이 우는 것입니까?

석상: (아직도 희노애락 등의) 감정에 얽매여 있구나.

스님: 무엇이 해골 속의 눈동자입니까?

석상: 아직도 알음알이에 얽매여 있구나.

그 스님은 또 조산 스님에게 물었다.

스님: 무엇이 고목 속에서 용이 우는 것입니까?

조산: 혈맥이 끊기지 않았다.

스님: 무엇이 해골 속의 눈동자입니까?

조산: 바싹 마르지 않았다.

스님: 어떤 사람이 그 소리를 들을 수 있습니까?

조산: 온 누리에 듣지 못하는 사람이 없다.

스님: 모르겠습니다. 용의 울음은 무슨 글귀입니까?

조산: 어떤 글귀인지는 모르겠으나, 들은 사람은 모두 목숨을 잃는다.

답을 얻고자 하는 스님의 일관된 질문에 세 선사는 모두 다르게 답하고 있지만, 그들의 반응이 지향하는 세계는 한결같이 스님이 질문하는 차원을 넘어서 있다. 자신의 인식 능력 안에서 이해할 수 있는 답을 구하려는 스님의 노력을 헛수고로 돌아가도록 하면서, 동시에 새로운 세계에 대한 암시를 제시하는 문답이다.

셋째, 모순은 같은 질문에 대하여 어느 때는 긍정하고 어느 때는 부정함으로써 가치혼란을 일으키는 대화방법이다. 이 역시 일상생활에서 사람들이 활용하는 논리, 사고의 불완전함을 드러냄으로써 알음알이에 의존하지 못하도록 하는 방법이라고 말할 수 있다. 다음 예화들을 점검해 보자.

♥ 마곡 스님이 지팡이를 짚고 장경 스님에게 이르러 선상을 세 바퀴 돌더니 지팡이를 한 번 내려치고 우뚝 서 있자, 장경 스님이 말했다.

장경: 옳다, 옳다.

또 남전 스님에 이르러 예전과 같이 선상을 돌고 지팡이를 내려치며 서 있자, 남전 스님이 말하였다.

남전: 틀렸어, 틀려, 이는 번뇌의 힘(風力)으로 그러는 것이니, 끝내는 없어지고 만다.

마곡: 장경 스님은 옳다고 말씀하셨는데, 스님께서는 무엇 때문에 틀렸다고 말씀하십니까?

남전: 장경이야 옳겠지만, 바로 그대는 옳지 않다.(벽암 록 상, 1999, p. 187)

♥ 어떤 스님이 대수에게 물었다.

스님: 겁화가 훨훨 타서 삼천대천세계가 모조리 무너지는데, 이것도 무너집니까?

대수: 무너진다.

스님: 그렇다면 그것을 따라가겠습니다.

대수: 그를 따라가거라!

훗날 어떤 스님이 대수에게 물었다.

어떤 스님: 겁화가 훨훨 타서 대천세계가 모조리 무너지

는데, 이것도 무너집니까?

대수: 무너지지 않는다.

스님: 왜 무너지지 않습니까?

대수: 대천세계와 같기 때문이지.

이 스님은 대수 스님의 말을 이해하지 못하고 이 일을 골똘히 생각하여 이 물음을 가지고 곧바로 서주의 투자산을 찾아가, 투자 스님이 물었다.

투자: 요즈음 어디 있다 왔느냐?

스님: 서촉 대수산에서 왔습니다.

투자: 대수 스님은 무슨 소리를 하든가?

스님이 앞에서 주고받은 말들을 이야기하자, 투자 스님은 향을 올리고 절을 올리면서 이르기를 "서촉 땅에 고불이 출세하였구나. 그대는 속히 돌아가도록 하라."고 했다. 이 스님이 다시 대수산에 이르렀을 때는 대수 스님이 벌써 돌아가신 뒤였다. 이 스님은 한바탕 수치를 겪었던 것이다. (벽암록 상, 1999, p. 255)

동일한 질문에 대하여 서로 양립 불가능한 모순된 대답을 듣게 되면 질문을 던진 사람은 난감한 입장에 처하게 된다. 그중 어느 하나를 택할 수도 없고 그렇다고 대답 전체를 무시하기도 곤란하다. 이 딜레마를 해결하는 방법은 자신이 던진 질문을 근본적으로 다시 검토하는 일이다. 결국 선사의 모순된 답변은 수행자로 하여금 자신의 현재 수준과 한계를 돌이켜 보게 함으로써 한층 높은 차원을 향하여 나아갈 수 있도록 인도하는 역할을 한다.

넷째, 긍정은 수행자의 말을 있는 그대로 인정하는 것이다. 수행자가 올바른 수행의 길에 들어서 있을 때, 또는 수행의 과정에서 적절하다고 여겨지는 언급이 있을 때 이를 인정하고 격려하는 방법이다. 이따금 선사들은 수행자에게 질문을 던져서 그가 도달한 수준 또는 수행 과정의 적합성을 점검한다. 선사의 점검에 대해 올바른 답이 나오면 선사는 이를 격려하고 지원하는 발언을 하게 된다. 이와 관련된 선문답을 살펴보자.

❦ 열반 스님(유정선사)과 남전 스님의 문답(벽암록 상, 1999, p. 246)

남전 스님이 백장산의 열반 스님을 참방하자, 백장 열반 스님이 물었다.

열반: 예로부터 많은 성인이 남에게 설하지 않은 법이
있었느냐?

남전: 있습니다.

열반: 어떤 것이 남에게 설하지 않은 법인가?

남전: 마음도 아니요, 부처도 아니요, 외물도 아닙니다.

열반: 말해버렸군.

남전: 저는 이렇습니다만 스님은 어떠합니까?

열반: 나는 큰 선지식이 아니다. (남에게) 할 말이 있는지
　　　없는지를 어찌 알리요?

남전: 저는 모르겠습니다.

열반: 내가 너에게 너무 말해버렸구나.

▼ 백장과 황벽의 대화(벽암록 상, 1999, p. 205)

백장: 어디로 갔다왔느냐?

황벽: 대웅산에 버섯 따러 갔다왔습니다.

백장: 범을 보았느냐?

황벽: (갑자기 호랑이 우는 시늉을 했다.)

백장: (도끼를 들어 찍는 시늉을 하니)

황벽: (느닷없이 백장 스님의 뺨을 후려갈기니)

백장: (히죽히죽 웃으면서 바로 법좌에 올라 대중에게 말했다.)

대웅산에 범 한 마리가 있으니, 그대들은 조심하라. 나도 오늘 한 차례 물렸다.

앞의 두 예화는 이미 깨달음을 얻은 선사들 사이에서 전개된 선문답이다. 이 선문답에서 열반과 백장은 후학인 남전과 황벽의 깨달음이 정확하고 확실한지에 대해 점검하는 작업을 시도하고 있다. 깨달음에 대한 점검 과정은 한편으로는 상대를 시험하는 과정이며, 한편으로는 상대를 격려하는 긍정의 과정이기도 하다.

다섯째, 반복은 상대가 한 말을 다시 한 번 되울림해 주는 반응이다. 상대방이 한 말을 다시 한 번 반복함으로써 그 속에 담겨 있는 깊은 의미를 음미하고 되새김질시키는 방법이다. 사람들이 같은 말을 사용하여 대화한다고 해서 그들이 그 말에 대해 이해하는 수준이 동일한 것은 아니다. 때로는 앵무새처럼 자신이 말하는 내용에 대해 아는 것 없이 그냥 떠드는 경우도 있다. 표현된 내용과 이해하는 수준이 일치하지 않는 경우인데, 이때 필요한 대화 전개 방식이 반복이다. 반복은 선문답에서도 자주 활용된다.

▼ **현칙 스님과 법안 스님의 대화**(벽암록 상, 1999,
p. 84)

현칙 스님은 법안 스님의 회중에 있으면서도 입실하여
법문을 청한 적이 없었다. 하루는 법안 스님이 물었다.

법안: 측감원아, 어찌하여 입실하지 않느냐?

현칙: 스님은 모르십니까? 저는 청림 스님의 처소에서
　　　이미 한 소식 했습니다.

법안: 네가 그때에 했던 말을 한 번 나에게 말해 보아라.

현칙: 제가 '무엇이 부처입니까?' 하고 물었더니, 청림
　　　스님은 '병정동자(丙丁童子)가 불을 구하는구나.'
　　　하고 말하였습니다.

법안: 좋은 말이다만 네가 잘못 알았을까 염려스럽구나.
　　　다시 한 번 설명해 보아라.

현칙: 병정은 불에 해당하니 불로써 불을 구한 것입니
　　　다. 이는 마치 제가 부처인데도 다시 부처를 찾은
　　　것과 같습니다.

법안: 감원아, 과연 잘못 알았구나.

측감원은 그 말에 불복하고는 곧장 일어나 홀로 강을 건

너가버렸다. 이에 법안 스님께서 '이 사람이 만일 되돌아 온다면 구제할 수 있지만, 오지 않는다면 구제하지 못할 것이다.' 고 하였는데, 측감원이 중도에서 스스로 곰곰이 헤아려보니, '그 분은 오백 인을 거느리는 선지식이신데, 어찌 나를 속이겠느냐.' 고 뉘우치고 마침내 되돌아와 다시 참방하자, 법안 스님이 말하였다.

　　법안: 네가 나에게 물어라. 내 너를 위해 답하리라.

　　현칙: 무엇이 부처입니까?

　　법안: 병정동자가 불을 구하는구나.

　　측감원은 이 말이 떨어지자, 완전히 깨쳤다.

♨ 어느 스님과 조주 스님의 대화(벽암록 중, 1999, p. 204)

어느 스님이 조주 스님에게 여쭈었다.

　　스님: '지극한 도는 어려울 게 없고 그저 간택을 그만두 면 될 뿐' 이라 하였는데, 말을 하기만 하면 그것이 곧 간택인데 스님께서는 어떻게 사람을 지도하시 겠습니까?

　　조주: 왜 이 말을 다 인용하지 않느냐?

　　스님: 제가 여기밖에 못 외웁니다.

　　조주: 이 지극한 도는 어려울 게 없고 오로지 간택을 그

만두면 될 뿐이니라.

　반복하는 대화에는 상대방의 말을 반복하여 되울림
해 주는 방법도 있고, 상대가 이해할 때까지 자신의 말
을 되풀이하는 형태도 있다.

　❦ 향림 스님과 운문 스님의 일화(벽암록 상, 1999,
　　p. 75)
　　향림 스님이 18년 동안 시자를 했는데, 그를 가르침에
　다만 "원시자야."라고 부르면, 원시자는 "네." 하고 대답
　하였고, 운문 스님은 "이 무엇인가?"라고 말할 뿐이었다.
　이렇게 하기를 18년 만에 어느날 바야흐로 깨치니, 운문
　스님이 말하기를 "내가 지금 이후로 다시는 너를 부르지
　않으리라." 하였다.

　❦ 화산 스님과 어떤 스님의 대화(벽암록 중, 1999,
　　p. 111)
　　화산 스님이 법어를 하였다.
　　화산: 익히고 배우는 것을 들음이라고 하고, 더 배울 것
　　　　이 없는 것을 도에 가까움이라 한다. 이 두 가지를

초월해야만 참된 초월이라고 한다.

스님: 어떤 것이 참된 초월입니까?

화산: (나는) 북을 칠 줄 알지.

스님: 무엇이 참다운 이치입니까?

화산: 북을 칠 줄 알지.

스님: 마음이 바로 부처라는 것은 묻지 않겠습니다. 마음도 아니고 부처도 아니다라는 것은 무엇입니까?

화산: 북을 칠 줄 알지.

스님: 향상인이 찾아오면 어떻게 하시렵니까?

화산: 북을 칠 줄 알지.

　

상대의 말을 되풀이하든 자신의 대답을 되풀이하든 반복은 앵무새처럼 그저 말을 되받는 것이 아니다. 아직 깨치지 못한 깊은 의미 속으로 상대를 끌어안고 들어가는 방법이 바로 반복이다. 언어로 쉽게 표현할 수 없는 세계를 언어로 이해하려고 하는 사람에게 구구한 설명보다 자신이 쏟아놓은 말을 다시 한 번 성찰하며 되새김질하도록 하는 것이 오히려 큰 효과를 볼 수도 있다.

여섯째, 외침은 생각이나 알음알이가 끼어들 사이 없이 큰 소리를 질러 충격을 주는 방법이다. 때로는 '어흠어흠' 하는 큰소리(關), 때로는 외마디의 꾸짖음 (喝), 때로는 방망이를 휘두름(棒)으로써 질문을 던진 수행자에게 충격을 주는 것이다. 선문답에서는 외침의 방법이 자주 사용된다. 특히 임제, 운문선사는 할과 관의 대가로 알려져 있다. 외침과 관련된 선문답을 찾아 보자.

❧ 마조 스님과 어떤 스님 사이의 문답(벽암록 상, 1999, p. 238)

스님: 무엇이 불법의 대의입니까?

마조: (대뜸 몽둥이로 치면서) 내가 그대를 치지 않는다면 천하 사람들이 나를 비웃을 것이다.

스님: 무엇이 조사가 서쪽에서 오신 뜻입니까?

마조: 앞으로 가까이 오너라. 너에게 말해 주리라.

스님이 앞으로 다가오자, 마조 스님은 그의 뺨따귀를 후려치면서

마조: (중요한 일은) 세 사람이 함께 모의할 수 없느니라.

❦ 임제 스님과 정상좌 사이의 문답 (벽암록 중, 1999, p. 29)

정상좌가 임제 스님에게 물었다.

정상좌: 무엇이 불법의 대의입니까?

임제: 선상에서 내려와 멱살을 잡고서 한 차례 빰따귀를 후려치고 대뜸 밀어버렸다. 정상좌가 우두커니 서 있자, 곁에 있던 스님이 말했다.

스님: 정상좌야, 왜 절을 올리지 않느냐?

정상좌가 절을 하려다가 홀연히 깨쳤다.

앞의 선문답에서 보듯 외침의 방법은 그야말로 수행자의 예상을 뛰어넘은 급작스런 반응이다. 이렇게 전혀 예상치 않았던 충격적인 반응을 접하게 되면 수행자는 자신의 존재 전체가 한바탕 휘둘림당하는 것을 경험하게 되는데, 이것이 자신의 본체를 깨닫는 계기로 작용할 수도 있다.

4

선문답의 상담적 의의

　선문답은 원래 깨달음을 얻기 위하여 치열한 수행에 임하는 불교 수행자들을 돕기 위한 방편의 하나다. 따라서 불교적 깨달음에 별 관심이 없는 사람 또는 이로부터 거리가 먼 생활인에게 선문답식의 대화는 별 도움이 되지 않을 것이라고 생각할 수도 있다. 그러나 선문답이 전개되는 과정을 조금만 자세히 들여다보면 선문답과 일반 대화 사이에 상당한 소통 가능성이 있음을 발견할 수 있다. 선문답의 경우 깨달음이라는 주제를 앞에 두고 문답을 극적으로 이끌어 갈 필요가 있기 때문에 특정 유형의 대화 방식을 갈고 닦아 왔다. 하지만 한꺼풀 벗겨 보면 선문답과 일반 대화 사이에 큰 차이가 없음을 알 수 있다. 앞에서 본 역설, 모순, 침묵, 긍정, 반복, 외침 등은 선문답뿐 아니라 일반 대화에서도 얼마든지 찾을 수 있다. 다만 개인의 성장과 발전에 이 같은 대화 방식이 어떻게 그리고 얼마나 기여할 수 있는지에 대하여 사람들이 그다지 큰 관심을 두지 않았을 따름이다. 선문답에 담겨 있는 극단성을 극복하고 현대화된 용법으로 이를 재해석할 수만 있다면 선문답이 사람들의 일상적인 삶에 도움을 주는 대화 전략으로 자리잡을 가능성은 매우 크다고 여겨진다.

여기서 한 가지 더 고려할 점이 선문답에 담겨 있는 종교적인 색채를 벗겨 내는 일이다. 선문답은 불교적인 깨달음을 돕는 전략으로서 발전해 온 대화 방식이다. 따라서 불교의 깨달음과 선문답을 따로 떼어놓고 보기 어렵다고 생각할 수 있다. 불교적 깨달음과 선문답을 한 묶음으로 묶어놓는 한 피할 수 없는 일이다. 그러나 만일 불교적인 깨달음을 다른 방식으로 재해석하는 것이 가능하다면 이런 문제는 쉽게 해결될 수 있다. 예를 들어, 불교적 깨달음을 일상생활에서 전개되는 자기 각성(또는 존재의 변형)이라는 뜻으로 해석할 수 있다면, 선문답식 대화를 일상생활에서 사람들의 자기 각성을 돕는 훌륭한 상담 전략으로 활용하는 데 별 문제가 없다. 이것이 가능하다면 선문답은 한편으로 불교적 깨달음을 돕는 방편으로, 다른 한편으로 생활인의 자기 각성을 돕는 전략으로 동시에 사용될 수 있을 것이다.

선문답이 본질상 일상 대화와 크게 다르지 않다는 점, 그리고 선문답은 생활인의 자기 각성을 돕는 대화 전략의 하나라는 점을 기본 전제로 삼을 때 앞에서 논의한 선문답의 여러 특성이 상담 대화에 어떤 기여를 할 수 있을지 보다 자세히 살펴보도록 하자.

1. 대기법의 상담적 의의

대기법은 상담의 기본이다. 상담을 할 때 상담을 원

하는 청담자의 특성을 이해하는 일, 그리고 그에 적합한 상담 전략을 사용하는 일은 말할 필요가 없을 정도로 중요하다. 지금까지 서양에서 발달한 모든 상담 이론도 기본적으로 대기법에 바탕을 두고 있다. 문제는 대기법에 입각한 상담을 한다고 할 때 그 준거로 삼는 청담자의 특성이 무엇인가, 다시 말하면 무엇을 청담자의 근기(根機: 근은 타고난 성품, 기는 후천적으로 형성된 성품을 일컫는다.)로 볼 것인가 하는 점이다. 사고, 감정, 행동, 의지, 지각, 영성, 적성, 사회적 관계, 청담자가 처한 상황, 사회·심리적 환경 등 이들 중 어느 것을 준거로 청담자의 근기를 판단하는가에 따라 상담을 보는 관점이 달라지고 청담자를 대하는 방식에 차이가 날 수밖에 없다. 그렇다면 선문답에서 말하는 대기법은 무엇을 준거로 사람들의 근기를 논하고 있을까?

앞에서 설명한 바 회산계현은 사람들의 근기를 다섯 가지로 나누었다. 이 다섯 가지 근기를 나누는 준거는 '깨달음을 향한 수련의 정도'인 것 같다. 아직 수련을 시작하지 않은 사람들로부터 결정적인 계기가 제공되기만 하면 깨달음을 얻을 수 있는 수준에 도달할 수 있는 사람들까지 모두 다섯 단계로 나눈 것이다. 그러나 이 준거는 매우 막연하다. 깨달음이라는 개념이 불확실한 상태에서 다섯 가지 수준이 제공하는 정보에 특별한 내용이 담겨 있지 않기 때문이다. 이는 애초에 대기설법을 제창한 석가모니의 설법에서도 마찬가지다. 상대하는 사람의 수준에 맞추어 적절한 설법을 해야 한다는 대명제 이외에 이 근기를 어떻게 살피고 어떻게 다루어야 하는지에 대한 정보를 찾기는 그리 쉽지 않다.

이런 점에서 고봉원묘(야나기다 세이잔, 1992, p. 26)가 깨달음을 얻기 위해 갖추어야 한다고 주장한 세 가지 전제 조건은 근기의 내용을 보다 실체화하는 중요한 의미가 있다. 그는 깨달음을 얻기 위하여 수행자는 세 가지 요소, 즉 대신근(大信根), 대분지(大憤志), 대의(大疑)를 갖추어야 한다고 말한다. 대신근은 깨달음이 있음을 확신하고 그를 향해 흔들리지 않는 마음을, 대분지는 무슨 일이 있더라도 깨달음을 얻고 말겠다는 단단한 결심을, 대의는 자기가 얻은 바에 대해 끊임없이 의심하고 거듭해 질문을 던지는 집요함을 일컫는다. 조금 풀어서 설명하면 대신근은 깨달음에 대한 믿음과 신뢰, 대분지는 깨달음을 향한 동기 수준, 대의는 자기가 얻은 깨달음에 대한 지속적인 객관화와 타당성 검증이라고 말할 수 있다. 사람들이 갖추고 있는 근기를 이 세 가지 준거에 따라 진단하는 것이 가능하다면 그에 대응할 방법과 전략을 찾아내는 일이 보다 구체적으로 진행될 수 있다. 고봉원묘가 주장한 3요소를 상담과 관련지어 하나씩 살펴보자. 대신근은 깨달음에 대해 믿는 마음이라고 하였다. 이 대신근을 상담에 적용하면 상담 과제(counseling task)의 해결에 대한 믿음이라고 표현할 수 있다. 상담에 임하는 청담자는 마음속에 해결 또는 성취를 원하는 상담 과제를 가지고 있다. 이 상담 과제가 해결될 가능성에 대해 청담자는 얼마나 믿고 있는가? 과제 해결에 대한 확신이 큰 청담자와 그렇지 않은 청담자는 상담에 임하는 자세, 상담자와 구성하는 상담 관계의 특성, 상담자에 대한 기대 수준, 상담 효과 등에서 차이를 보일 가능성이 크다. 따라서 상담이 시작되는 시점에 상담 과제 해결에 대한 청담자의 신뢰가 어느 정도인지 확인하는 일은 상담자의 중요한 책무에 속한다. 상담 과제 해결에 대한 청담자의 신뢰도가 확인되면 상담자는 그 신뢰의 수준을 향상시키기 위하여 다양한 노력을 전개할 필요가 있다. 상담 과제를 청담자가 처한 현실 맥락 속에서 검토한다든가, 상담 과제를 해결할 수 있는 청담자의 역량과 자질을 부각시킨다든가, 상담 과제 해결을 위하여 지원될 다양한 자원들에 대한 정보를 제공한다든가 하는 일들이 이에 해당할 것이다. 상담 과제 해결에 대한 청담자의 신뢰를 증진시키기 위해 상담자가 펼치는 다양한 작업은 사실상 상담 과정이기도 하다.

상담 과제 해결에 대한 신뢰는 한편으로 상담자에 대한 신뢰와 직결되어 있다. 청담자가 상담자를 신뢰하지 않으면 설사 상담 과제 해결에 대한 그의 믿음이 크더라도 효과적인 상담은 기대하기 어렵다. 따라서 상담자는 청담자가 보내는 믿음과 신뢰를 잘 읽어 내고 그 변화에 대해 민감해야 한다. 아울러 상담이 진전되면서 이 신뢰감이 향상될 수 있도록 여러 가지로 노력해야 한다. 공감적 이해, 수용, 진정성, 전문성, 성실성 등 청담자의 신뢰감을 획득하기 위하여 상담자가 갖추어야 할 태도, 자세, 기술 등을 소홀히 하지 말아야 한다. 이러한 요소들로 구성된 촉진적인 상담 관계가 상담 효과에 긍정적인 영향을 미친다는 사실은 이미 상담학의 정설로 자리잡고 있다(Rogers, 1957; 박성희, 2001). 다만 상담자가 청담자의 신뢰를 얻어 가는 과정에 대한 정보는 아직 미약한 형편이다.

결국 상담자가 파악해야 할 청담자의 대신근과 관련된 근기는 두 가지로 요약된다. 하나는 상담 과제의 해결에 대한 신뢰감, 또 하나는 상담자에 대한 신뢰감이다. 상담자는 이 두 가지 준거에 비추어 청담자가 어느 수준에 있는지 진단하고 그에 대응할 적절한 전략과 대책을 세워야 할 것이다.

대분근은 깨달음을 얻겠다는 단단한 결심이라고 하

였다. 현대심리학에서 말하는 동기 수준이 바로 이것이다. 이 대분근을 상담에 적용하면 상담 과제 해결을 향한 동기화의 정도를 뜻한다고 말할 수 있다. 자신이 가진 문제 또는 상담 과제를 해결·성취하고자 하는 열망이 어느 정도 되는지를 판가름하는 기준이다. 상담에서도 청담자의 동기는 매우 중요하다. 획일적으로 말할 수는 없지만 일반적으로 동기가 높은 청담자는 그렇지 않은 청담자에 비해 상담 효과가 좋다. 상담 과제에 임하는 자세와 태도가 그만큼 적극일 뿐 아니라 상담 과정에서 발생하는 어려움을 버텨 내는 힘도 크기 때문이다. 역으로 상담의 필요성을 전혀 느끼지 못하는 청담자는 상담자를 매우 힘들게 하고 그 상담 효과도 그리 좋지 않다. 원치도 않는 사람을 억지로 끌어다 하는 상담이 좋은 결과를 가져오기는 쉽지 않다. 흔히 부모의 손에 이끌려 상담실을 찾는 청소년 청담자들의 경우 상담에 대한 동기는커녕 심하게 저항하는 모습을 보일 때가 많다. 동기가 충분하지 않은 청담자에게 일방적인 상담을 제공하는 것은 매우 어리석은

짓이다. 이들에게는 상담을 시작하기 전 상담에 대한 동기 수준을 높이는 작업이 선행되어야 한다. 아니 보다 정확하게 말하면, 상담을 하겠다는 동기를 심어 주는 작업이 이들과 더불어 전개하는 첫 번째 상담 과제가 되어야 한다.

상담 과제에 대한 동기 수준은 처음 면담에서뿐 아니라 상담이 진행되면서도 지속적으로 점검되어야 한다. 상담자는 상담 과정 내내 청담자의 동기 수준을 진단하고 그에 대처해야 하며, 아울러 적절한 수준의 동기를 자극·유지하는 다양한 전략을 사용할 줄 알아야 한다. 그리하여 청담자로 하여금 상담 과제를 반드시 해결하고야 말겠다는 강한 동기가 끊어지지 않고 이어지도록 해야 한다.

대의는 자신이 얻은 깨달음에 대한 객관화와 타당성 검증이라고 하였다. 깨달음을 얻는 과정은 끊임없이 자신을 초월하는 과정이다. 이 자기 초월의 과정에 필수적으로 요청되는 것이 자기 검증이다. 그런데 자기 검증을 하려면 일단 자신과 자신이 얻은 것을 분리해야 한다. 현재 얻은 깨달음이 옳은 것인지를 확인하려면 그 깨달음과 깨달음을 얻은 주체로서의 자기가 거리를 두고 떨어질 필요가 있다. 깨달음으로부터 거리를 두고 떨어지는 이 분리의 과정이 바로 객관화에 해당한다. 객관화가 가능해지면 곧바로 자신이 얻은 바에 대한 타당성을 검증하는 작업이 진행될 수 있다. 객관적인 시선으로 깨달음의 내용을 의심하고 해부하고 분석하는 것이다(물론 어느 지점에 도달하면 의심하는 자기도 실종되고 더 이상 객관화, 타당성 검증이 필요치 않은 절대 인식에 도달하는데, 이는 최종 경지라고 말할 수 있는 수준이다). 실상 객관화와 타당성 검증은 깨달음으로 가는 길에 없어서는 안 될 핵심 수단들이다. 수련을 통해 얻은 결과물에 대한 집착, 그리고 깨달음을 얻으려는 자기에 대한 집착마저 포기하고 끝없는 초월의 길을 걸을 수 있도록 인도하는 수단이 다름 아닌 객관화, 타당성 검증이기 때문이다.

상담에서도 청담자의 객관화, 타당성 검증 능력은 매우 중요하다. 이 능력이 뛰어난 사람은 내면 세계를 건강하게 가꾸어 나갈 뿐 아니라 뛰어난 사회 적응력을 보이기도 한다. 자신을 객관화할 수 있다는 것은 그만큼 어떤 대상에 대한 집착이나 아집으로부터 자유로울 수 있음을 뜻한다. 객관화는 다른 말로 거리를 두고 관찰하기라고 표현할 수도 있다. 대상과 밀착되어 하나로 움직이던 주체가 어느 순간 대상과 거리를 두고 그 작용을 자세히 살피는 행위를 할 때 객관화라는 말이 적용될 수 있다. 이렇게 거리를 두고 관찰하는 행위가 시작되면 대상과 주체가 어떻게 상호작용하는지, 마음(소위 주체에 해당하는)이 어떻게 움직이는지에 대해 새로운 통찰을 얻게 되어 보다 타당성 높은 판단과 선택이 가능해진다. 거리를 두고 관찰하고, 그 관찰을 통해 타당성을 검증하며, 그 결과에 따라 행동한다면 집착과 아집으로부터 벗어나는 것은 그리 어려운 일이 아니다.

특히 심리적 문제로 고통을 당하는 사람들은 대부분 심각한 집착에 시달리고 있다. 객관화된 시선으로 보면 별것 아닌 것에 자신의 심적 에너지를 쏟아놓고 지

나치게 매달린다. 이들에게 부족한 것이 바로 객관화
와 타당성 검증 능력이다. 이 능력이 회복되어 자신의
내부에서 일어나는 현상들에 대해 거리를 두고 관찰하
기 시작한다면, 집착으로 인해 발생하는 심리적 문제
의 상당 부분은 이미 해결의 길에 들어선 것이나 마찬
가지다.

　따라서 상담자는 처음부터 청담자의 객관화와 타당
성 검증 능력을 파악해야 한다. 준비되지 않은 사람에
게 갑자기 객관화를 요구한다면 오히려 혼란을 가져올
따름이다. 먼저 청담자를 진단하고 그에 알맞은 대응
책을 찾아야 할 것이다. 이런 점에서 대의, 즉 객관화
의 능력과 타당성 검증 능력은 청담자의 근기를 진단
하는 중요한 준거로 삼을 가치가 충분하다.

2. 선문답의 상담적 의의

　지금까지 상담자의 상담 대화에 대한 탐구는 네 가

지 방향으로 발전하였다. 첫째, 주의집중, 명료화, 요약, 지시, 재진술, 반영, 직면, 해석, 자기 개방 등 대화의 미세기술에 대한 탐색(Ivey, 1988), 둘째, 공감, 수용, 진정성 등 인간 관계의 핵심 요소를 언어로 전달하는 방식에 대한 탐색(Carkhuff, 1969), 셋째, 합리적인 논리 전개 방식에 대한 탐색(Ellis, 1962), 넷째, 역설과 모순이 가져오는 효과에 대한 탐색(Haley, 1973)이 그것이다. 상담 연구자들은 이 중에서도 처음 두 가지 대화 방식을 집중적으로 탐구하였다. 상담 학술지에 실리는 상담 대화에 관한 연구들이 대부분 미세기술과 인간 관계 요소를 언어로 전달하는 방식에 관한 내용들이라는 사실이 이를 잘 말해 준다. 상담 대화의 기법이라고 표현될 수 있는 이 분야에 관한 연구는 오히려 지나칠 정도로 많은 편이다. 반면 논리 전개 방식, 역설과 모순에 대한 탐구는 특정 상담학파의 상담 기술이라는 차원에서 다루어지는 것이 고작이다. 예컨대 논리 전개의 합리성을 따지는 대화는 합리적–정서적–행동적 상담(REBT)에서, 역설과 모순으로 이끄는 대화는 의사소통 이론(communication theory)에서 사용하는 대화 기술이라고 여기고 별 주의를 기울이지 않는다.

상담이 대부분 대화로 이루어지는 활동이라는 점을 고려하면, 상담 대화의 다양한 측면을 끌어안고 이를 상담 자원으로 활용하는 일은 더할 나위 없이 중요하다. 더구나 그 상담 대화가 청담자의 존재 양식, 다시 말하면 청담자의 자아정체감, 청담자의 핵심적 사고와 정서, 청담자의 신념과 가치, 청담자의 적응 방식 등에 관여하여 변화를 일으키는 힘을 가지고 있는 것이라면 결코 무시해서는 안 된다. 청담자의 논리 전개 방식을 따지는 대화, 그리고 청담자를 역설과 모순으로 이끄는 대화는 이런 점에서 새롭게 검토되어야 한다. 앞에서도 언급했지만 지금까지 상담자의 상담 대화에 대한 연구는 대부분 대화를 유연하게 이끄는 일종의 대화 기법 내지는 대화 기술에 집중되었다. 상담 대화로서 이들은 매우 중요한 가치를 가지고 있지만, 상담 대화가 이것으로 한정되어서는 곤란하다. 상담자는 대화의 자연스런 흐름을 이끌어 가면서 동시에 청담자의 자기 각성 내지는 존재의 변형에 계기가 될 수 있는 강력한 대화를 구사할 수 있어야 한다.

선문답은 원래 사람들의 존재 양식을 변화시키기 위해 고안된 대화법이다. 따라서 선문답은 상대방이 말로 표현하는 내용보다 말하는 상대방을 직접 겨냥하여 대화를 진행한다. 이런 점에서 선문답은 대화 기술이 아니라 대화 전략이라는 표현이 더 어울린다. 선문답의 이 전략적 특징은 상담에도 그대로 적용될 수 있다. 청담자의 수준과 근기를 진단하는 작업이 끝나면 상담자는 곧바로 청담자를 변화시키기 위한 작업을 시작한다. 이 작업이 바로 선문답식 대화 전략을 사용하여 청담자를 흔들어놓는 일이다. 즉, 청담자가 당연시하고 있는 삶의 방식에 의문을 품도록 만들고, 이를 전면적으로 재검토할 수 있는 계기를 열어 주는 것이다. 모순, 역설, 초월, 반복, 외침, 긍정 등 상담자의 선문답식 대응은 바로 이럴 때 활용할 수 있는 대화 전략들이다.

선문답식 상담 대화에서 상담자는 대화를 주도한다는 점에서 매우 능동적이며 지시적이다. 상담자는 청담자가 지향해야 할 바에 대해 이미 잘 알고 있는 사람이어야 하며, 동시에 청담자의 현재 수준에서 소화 가능한 충격과 혼란을 제공할 수 있어야 한다. 이런 점에서 선문답의 상담자는 일면 삶에 통달한 스승이라는 개념과 통한다. 실상 모든 상담에서 상담자는 청담자가 성취해야 할 상담 과제와 상담 목표에 대해 분명히 알고 있어야 한다. 만일 상담자가 청담자의 상담 과제에 대해 잘 모른 채 상담에 임한다면 이는 장님이 장님을 이끄는 것이나 매한가지다. 다만 상담자들은 그 명백한 상담 과제를 성취해 가는 방편의 하나로서 청담자를 대하는 태도에 차이를 보일 수 있다. 예를 들어, 인본주의 상담자는 수동적·소극적인 태도를, 행동주의 상담자는 능동적·적극적인 태도를 보이는 것이 여기에 해당한다. 일반적으로 말해 대화 기술을 강조하는 상담 대화에서 상담자의 역할은 비교적 수동적이고, 선문답식 상담 대화에서는 능동적인 것으로 간주

된다.

선문답을 상담 대화로 그냥 가져다 쓰기에는, 그러나, 지나치게 파격적이라는 문제가 있다. 선문답이 일상생활의 상담 언어로 자리잡으려면 그 표현 강도와 방식이 부드럽게 완화될 필요가 있다. 다시 말하면 청담자의 자기 각성, 존재 변형을 겨냥한다는 기본 정신은 그대로 두더라도 일상생활 대화와 보다 어울리는 방식으로 대화를 이끌어 가야 한다는 말이다. 이 작업은 앞으로 많은 연구들이 쌓이면서 발전되어야 하겠지만 초월의 경우를 예로 들어 그 방향을 한 번 더듬어 보자.

대학교 3학년 남학생으로 상당히 성실한 학생이다. 외양도 깔끔하게 잘 다듬어져 있고 공손한 태도를 보인다. 이 학생의 이야기를 들어보면 자신의 욕구를 많이 억제하고 주변의 시선을 상당히 의식하고 있다. 평상시 말이 별로 없고 조용하며 내성적이다. 이 학생이 해결을 원하는 상담 과제는 마음에 드는 여학생 앞에 가서 수줍어하지 않고 데이트를 신청하는 것이다.

- 청담자가 처한 상황 해석

표면적인 상담 과제는 분명하게 드러나 있다. 그러나 실제 이 학생의 문제는 여자 앞에 섰을 때 느끼는 수줍음에 그치는 것이 아니다. 이 학생은 자신의 욕구를 지나치게 억압해 옴으로써 욕구불만에 가득 차 있다. 다만 본인이 이를 의식하지 않고 있을 따름이다. 그러니까 현재 그의 심리 에너지가 여학생에게 데이트를 신청하는 것에 쏠려 있는 것 같지만, 사실은 억압된 욕구에 대한 불만 그리고 그 욕구 표현이 초래할지도 모르는 위험에 대한 불안에 집중되어 있다.

- 선문답식 상담 대화

상담자는 먼저 상담 과제 해결에 대한 청담자의 신뢰, 상담과제를 해결하겠다는 청담자의 동기, 청담자의 객관화와 자기검증 능력을 확인하여 그 근기를 점검하고 청담자의 현 상태를 겨냥한 발언을 한다. 학생의 심리 에너지가 쏠려 있는 여학생에 대한 관심을 '초월' 하는 발언을 예로 들어 보자.

"자신이 무엇 때문에 살고 있는지 나에게 상세하게 설명해 주지 않겠나?"
"욕구를 억압하고 살다보면 모든 게 힘들게 느껴지기 마련이지."
"자신을 괴롭혀서 얻는 게 무엇이라고 생각하나?"
"여자 문제가 중요한 게 아니겠지."
"그 여학생한테 집착해서 얻는 게 무엇일까?"
"여학생 문제가 해결되면 그 다음에는 무엇이 문제가 될까?"

이상의 질문들은 이 대학생으로 하여금 여학생에게 데이트 신청하는 문제를 초월해서 자기 존재에 대해 즉각 의문을 불러일으키는 역할을 한다. 이렇게 되면 그후에 전개되는 대화의 차원은 이전과 전혀 달라진다.

상담 대화를 이끄는 미세기술에 익숙한 상담자라면,

앞의 사례의 경우 아마도 '해석'과 '직면'의 기법을 많이 활용할 것이다. 이 대학생의 과거와 현재에 대한 정보를 상세히 캐낸 다음, 그런 것들이 지금 이 상담 과제와 어떻게 연관되어 있는지 해석하거나, 또는 청담자의 모순된 말과 행동을 직면시킴으로써 청담자 스스로 통찰에 이르도록 도와줄 것이다. 물론 이 과정에 이르기까지 다양한 미세기술들이 사용될 것이다.

선문답식 상담 대화는 이런 방법과 전혀 차원이 다르다. 청담자의 상담 과제가 파악되는 즉시 곧바로 청담자를 그곳으로 이끌어 간다. 상담자의 머릿속에 청담자의 현재 모습이 분명히 그려지면 주저하지 않고 문제의 핵심으로 파고들어 청담자를 뒤흔든다. 청담자가 자신의 존재에 대해, 자신의 삶의 양식에 대해 진지하게 검토하도록 그를 부추기고 자극하는 것이다. 물론 모든 상담 대화가 선문답식일 필요는 없다. 대개는 미세기술에 입각한 대화를 전개하다가 중요한 고리가 생길 때 선문답식으로 대화를 걸고 들어가면 된다.

필자가 여기서 주장하는 선문답식 상담 대화가 어떤

상담효과를 가져올지는 앞으로 실증 연구들에 의해 탐구되어야 한다. 그러나 선문답이 깨달음에 결정적으로 중요한 역할을 한다는 사실은 이미 불가의 많은 수행자들이 경험적으로 밝혀놓았다. 선문답의 상담효과는 이미 충분히 인정받은 셈이다. 다만 일상생활의 맥락에서 사람들의 삶에 도움을 주는 대화로서 선문답식 상담 대화의 가치가 얼마나 큰지에 대해 검토해 볼 필요가 있는 것은 확실하다.

5

맺음말

글을 써놓고 보니 처음에 생각했던 것보다 상당히
길어졌다. 이 글에서 필자는 불교의 수행자들이 많이
활용하는 선문답을 일반 상담에 적용하는 문제를 탐구
하려고 하였다. 그러다보니 선문답의 밑바탕이 되는
대기설을 다루지 않을 수가 없었다. 선문답은 반드시
상대방의 근기와 맞아 떨어져야 효과를 볼 수 있다. 따
라서 대기법과 선문답은 따로 뗄 수 없을 정도로 밀접
한 관계에 있다. 대기설의 중요성을 인식한 필자는 이
글에서 다소 지루할 정도로 그 내용을 소개하였다. 불
교적 개념에 익숙하지 못한 독자를 위해서, 그리고 다

음의 논의를 위해서 여기에 정리해두는 것이 좋겠다고 생각한 때문이다.

선문답은 사실 불교의 수행자들만이 사용하는 방법이 아니다. 일부 상담자들은 이미 이 방법의 일부를 상담 수단으로 사용하고 있고, 일반인들도 일상 대화에서 이런 유형의 대화를 종종 사용한다. 특히 불교 문화에 익숙한 한국인들은 부지불식간에 선문답적 대화를 활용하기도 한다. 다만 이를 상담학적으로 체계화하려는 작업이 없었다는 점이 아쉽다. 선문답식 상담 대화에 주목하고 그 이론적 타당성과 실제적 효과를 검증하는 일은 한국상담의 정체성을 찾는 작업이라는 점에서도 중요한 의미가 있다.

이 글은 대기법의 중요성에 대해 언급한 후 청담자의 근기를 파악하는 준거로서 상담 과제의 해결에 대한 신뢰, 상담자에 대한 신뢰, 상담 과제 해결에 대한 동기 수준, 객관화와 타당성 검증의 능력 등을 논의하였다. 아울러 선문답의 대화 유형, 즉 모순, 역설, 초월, 반복, 외침, 긍정 등을 찾아내고 이를 상담 대화로

정착시킬 수 있는 가능성을 탐색하였다. 초월 유형에 대해서는 구체적인 대화 예를 들어 설명을 덧붙였다.

선문답식 상담 대화는 상담 과제의 신속한 해결을 원하는 한국인들에게 잘 어울릴 것으로 예상된다. 이런 점에서 선문답은 상담 대화로서 앞으로 계속 탐구되어야 할 가치가 충분하다. 이 글은 그런 연구의 첫 시도라는 점에서도 의미가 있다.

| 참고문헌 |

교양교재편찬위원회(1989). 불교학개론. 서울: 동국대학교출판
　부.

박성희(2001). 상담과 상담학 2: 상담의 실제. 서울: 학지사.

알베 초이치(최현각 옮김, 1994). 인도의 선, 중국의 선. 서울:
　민족사.

야나기다 세이잔(추만호, 안영길 옮김, 1992). 선의 사상과 역
　사. 서울: 민족사.

원오 극근(백련선서간행회 역주, 1999). 벽암록 상. 서울: 장경
　각.

이광준(1974). 선과 상담에 관한 비교연구. 고려대학교 대학원
　석사학위논문.

회산계현(연관 역주, 1998). 선문단련설. 서울: 불광출판부.

Carkhuff, R. R. (1969). *Helping and human relation*
　(Vol. 1, 2). New York: Holt, Rinehart and Winston.

Ellis, A. (1962). *Reason and emotion in psychotherapy.*
　New York: Lyle Stuart.

Haley, J. (1973). *Uncommontherapy: The psychiatric*
　technique of Milton H. Erickson, M.D. New York:
　Norton.

Ivey, A. E. (1988). *Intentional interviewing and*
　counseling. Pacific Grove, CA: Brooks/Cole.

Rogers, C. R. (1957). The necessary and sufficient conditions of therapeutic personality change. *Journal of Consulting Psychology, 21,* 95-103.

저자 소개

박성희

1957년 서울 출생
서울대학교 사범대학 교육학과 졸업
서울대학교 대학원 교육학과 교육상담학 박사
한국행동과학연구소 상담실 책임연구원
미국 위스콘신대학교 상담학과 객원교수
캐나다 브리티시 컬럼비아대학교 상담학과(ECPS) 객원교수
한국상담학회 수련감독사
현재, 청주교육대학교 초등교육학과 교수

[저서와 역서]
담임이 이끌어 가는 학급상담(학지사, 2006)
한국형 초등학교 생활지도와 상담(공저, 학지사, 2006)
꾸중을 꾸중답게, 칭찬을 칭찬답게(학지사, 2005)
초등학교 현장 상담대화기법 동영상 CD 프로그램(학지사, 2005)
공감학: 어제와 오늘(학지사, 2004)
상담학 연구방법론: 사회과학 연구방법의 새로운 지평(학지사, 2004)
상담의 도구(대한민국학술원선정 우수도서, 이동렬과 공저, 학지사, 2002)
동화로 열어가는 상담이야기(학지사, 2001)
상담의 새로운 패러다임(대한민국학술원선정 우수도서, 학지사, 2001)
상담의 실제(대한민국학술원선정 우수도서, 이동렬과 공저, 학지사, 2001)
새내기 상담가를 위한 상담과 심리치료(이동렬과 공저, 교육과학사, 2000)
공감과 친사회행동(문음사, 1997)
사람들의 행동을 변화시키는 특이한 방법들(역, 양서원, 1995)

[수 상]
대한민국학술원선정 우수도서(2003)
제12회 한국교육학회 학술상 수상(2006)
제14회 삼천리자전거배 전국산악자전거대회 초급 마스타부 우승
제2회 봉화춘양목송이배 전국산악자전거대회 초급 마스타부 우승

동양상담학 시리즈 3

선문답과 상담

1판 1쇄 인쇄 | 2007년 1월 5일
1판 1쇄 발행 | 2007년 1월 10일

지은이 | 박성희
펴낸이 | 김진환
펴낸곳 | 도서출판 **학지사**

주소 | 121-837 서울시 마포구 서교동 352-29 마인드월드빌딩 5층
대표전화 | 02)326-1500 팩스 | 02)324-2345
홈페이지 | http://www.hakjisa.co.kr
등록 | 1992년 2월 19일 제2-1329호
정가 | 7,000원
ISBN | 978-89-5891-403-7 94180
       978-89-5891-400-6 (set)

동양상담학 시리즈

■ 마음과 상담 ①

상담은 사람의 마음을 전문적으로 다루는 활동이다. 따라서 상담자는 마음이 어떻게 생겼는지, 어떻게 작동하는지, 어떻게 변화되는지 등 마음에 대해 남다른 지식을 가지고 있어야 한다. 이 책은 마음에 대한 동서양의 관점을 살피고 이를 상담에 활용하는 전략에 대해 다룬다.

■ 불교와 상담 ②

불교에서 상담적 요소를 찾아내어 이를 현대 상담 이론과 상담 전략으로 정립하려는 노력은 꾸준히 전개되어 왔다. 이제 지금까지의 연구 결과를 종합하여 매듭을 하나 짓고 동시에 불교 상담의 미래를 전망할 시점이 되었다. 불교 상담의 어제, 오늘 그리고 내일을 조망해 본다.

■ 선문답과 상담 ③

선문답과 상담이 무슨 관련이 있을까? 이해하기도 어렵고 이해하려는 노력만으로는 절대로 풀 수 없는 선문답을 상담에 가져오는 일이 가능할까? 하지만 700여 년 이상 전개된 선문답의 역사를 들여다보면 답은 명쾌해진다. 단박에 존재의 본질을 꿰뚫고 들어가는 선문답은 실존적 상담을 이끌어 가는 중요한 실마리로서 손색이 없다.

■ 논어와 상담 ④

2,500여 년 전 공자가 제자들을 데리고 다니며 상담 활동을 전개했다는 사실을 아는가? 요즈음 말로 공자는 인생 상담에 도가 트인 분이다. 논어에 담겨 있는 공자의 지혜를 현대 상담으로 풀어낸다.

■ 퇴계 유학과 상담 ⑤

퇴계가 정립한 조선 성리학은 사람의 마음을 살핀 심성론이다. 경을 중심으로 전개되는 심성론에는 오늘날 상담학에서 다루는 많은 지식이 아주 섬세하게 논의되고 있다. 상담자로서 퇴계의 면모를 살펴보고 그의 아이디어를 현대 상담으로 끌어와 살핀다.

■ 도덕경과 상담 ⑥

도덕경은 그야말로 상담책이라고 해도 과언이 아니다. 도덕경의 한 구절 한 구절이 모두 세상을 행복하게 살아가는 법에 대해 말하고 있기 때문이다. 삶을 소유가 아니라 누림으로 풀어내는 노자의 혜안을 통해 행복하게 살고픈 이들을 돕는 동양의 비법을 접할 수 있다.

■ 모리타 상담 ⑦

신경증 치료를 위하여 모리타가 개발한 일본식 상담이다. 서양식 상담을 일방적으로 수입하지 않고 일본 내에서 자생적으로 성장한 상담이라는 점이 주목할 만하다. '아무것도 하지 않으면 자연적인 치유의 힘이 발동한다.' 는 원리로부터 체계적인 상담법을 발전시킨 모리타의 창의성이 돋보인다.

■ 나이칸 상담 ⑧

나이칸 상담은 모리타 상담과 어깨를 나란히 하여 세계로 수출되고 있는 일본식 상담이다. 감사하는 마음을 북돋아 일으킴으로써 청담자를 평화와 행복의 세계로 인도하는 방법을 제시하고 있다. 감사하는 마음을 일으키기 위하여 마련한 치밀한 세부 절차와 과정에서 일본 냄새가 강하게 풍기는 상담임을 느끼게 한다.

■ 동사섭 상담 ⑨

세계 상담계에 내놓아도 좋을 만한 대표적인 한국식 상담이다. 불교적인 아이디어와 서양식 상담을 절묘하게 버무려 새로운 형태의 상담을 탄생시킨 용타 스님의 혜안이 놀랍다. 짧은 시간에 많은 사람들의 메마른 감정을 휘저어 감동을 주는 동사섭의 세계를 맛볼 수 있다.

박성희 저 / 46판 / 전9권 / 각권 7,000원 (세트 63,000원)

꾸중을 꾸중답게
칭찬을 칭찬답게

박성희 지음 | 신국판 | 204면 | 9,000원

교사와 학부모를 꾸중과 칭찬의 전문가로 거듭나게 하는 책

꾸중과 칭찬은 교사와 학부모가 가장 많이 활용하는 교육수단으로 교육효과를 결정하는 매개과정이기도 하다. 꾸중과 칭찬을 잘하면 교육을 성공적으로 이끌 수 있는 반면, 잘못하면 교육을 망치게 된다. 꾸중과 칭찬을 다룬 여러 문헌에 실린 내용을 알기 쉽게 정리하고 상담원리가 반영된 꾸중과 칭찬 방법을 자세하게 소개한다.

동화로 열어가는 상담이야기
-수용과 공감의 지혜-

박성희 지음 | 신국판 | 232면 | 8,000원

베갯머리에서 듣던 옛날 이야기처럼 쉽게 풀어 가는 상담이야기

재미와 이론을 함께 담은 책. 인간 변화의 원리와 전략을 쉽게 풀어놓고, 친밀한 예화를 통해 일상에서 흔히 접하는 이야기와 사건을 상담지식과 연결해 놓았다. 상담의 기본 토대인 바람직한 관계 구축을 위한 세 가지 방법, 상담자가 앞장서서 청담자를 리드하는 방법, 상담에서 활용하는 대화 방법 등에 대한 지식을 소개한다.

붓다의 심리학

붓다의 가르침과
서양 심리학의 조화로운 만남

Mark Epstein M. D. 저 | 전현수 · 김성철 공역 |
신국판 | 304면 | 15,000원

이 책은 불교가 정신치료나 상담의 한계를 보완해 줄 가능성을 살피고, 모든 정신은 명상적 자각을 할 수 있다는 것을 보여 준다. 불교와 정신치료의 두 분야를 오랫동안 병행해 온 저자 마크 엡스타인은 이 책에서 육도윤회를 심리학적인 관점에서 해석한다. 또한 심도 있는 명상을 정신역동적으로 해석하면서, 명상이 활용될 때 보다 효과적인 정신치료를 할 수 있다고 주장한다.

마음챙김 명상과 자기치유 (上, 下)

삶의 스트레스에서 자유로워지는 길

존 카밧진 저 | 장현갑 외 공역 |
신국판 | 384/352면 | 각권 10,000원

명상과 의학의 결합 그리고 명상과 과학을 흥미롭게 우리의 건강 및 삶의 질과 연관 짓는 책. 웰빙과 완전한 자기 구현을 위해 수많은 사람들이 선택한 마음챙김 명상법을 소개하고 있다. 마음챙김 명상을 통해 우리의 건강을 위협하는 삶의 스트레스에서 자유로워지는 길을 찾을 수 있으며, 인간사 전반과 통증 및 질병에도 대처할 수 있는 지혜를 얻을 수 있다. 의사, 명상수련을 전문으로 하는 종교인, 일반인들로부터 주목을 받아 왔으며, 신경정신과 전문의 등을 중심으로 실제 임상치료에 적용되고 있다.

마음이 지닌 치유의 힘

고통 속에서 의미를 찾아 극복하게 하는 안내서

Joan Borysenko 외 공저 | 장현갑 외 공역 |
272면 | 9,900원

이 책에서 고통은 단순한 고통으로 끝나는 것이 아니라 그 고통 속에서 의미를 찾아 극복해 나갈 때 엄청난 치유의 가치가 있음을 강조하고, 고통이 성장의 촉진제인 동시에 치료제가 될 수 있음을 알려 주고 있다. 마음이 지닌 엄청난 치유의 힘을 최대한 발휘할 수 있도록 명상, 기도, 최면, 심상 등 온갖 종류의 심리적 방법을 과학적인 증거를 들어가면서 쉬우면서도 친절하게 소개한다. 미국에서 장기간 베스트셀러에 오르기도 했다.

요가 첫걸음

과학적이고 체계적으로
요가 수련을 소개하는 실습지침서

샌드라 앤더슨 · 롤프 소빅 공저 | 조옥경 · 김채희 공역 |
국배변형판 | 252면 | 20,000원

몸과 마음이 어떻게 작용하고 있는지에 관한 원리를 충실하게 밝히면서 과학적이고 체계적으로 요가 수련을 소개하는 훌륭한 실습지침서. 내용은 물론이고 아름답고 우아한 동작을 묘사한 화보로 가득한 구성과 세련된 디자인에 절로 눈길이 간다. 요가의 어렵고 심오한 부분을 쉽고도 평이하게 소개하는 것과 더불어 요가로 몸과 마음을 단련하면서 마음과 영혼을 살찌우길 원하는 사람들을 위한 안내서로도 손색이 없다. 기본적인 내용에 충실할 뿐만 아니라, 개인적 필요에 맞는 맞춤식 요가 자세를 구성할 수 있는 방법도 제시한다.